바다코끼리 vs 코끼리바다물범

또 하나의 대결 바닷가재 vs 게

이해 쏙쏙! 코너 밀러두기
핵심 정보: 꼭 알아야 하는 동물 필수 정보를 담았어요.
기본기 다지기: 동물 정보를 익히려면 알아 두어야 하는 기초 지식을 배워요.
놀라운 사실!: 동물의 놀라운 크기, 무게, 능력 등을 소개해요.
요건 몰랐지?: 이것까지 알면 동물 천재! 동물 척척박사가 되는 정보를 알려 주어요.
깜짝 질문: 동물 공부가 더 재밌어지는 기상천외한 질문이 등장해요.

바다코끼리

VS

코끼리바다물범

설마 저 너머로 들어가려고?
바다코끼리와 물범의 먹잇감이 되고 싶은 거야?

바다코끼리와 코끼리바다물범이 바다 한가운데서 딱 마주쳤어! 서로를 향해 울부짖는 소리가 쩌렁쩌렁 울리네. 둘이 맞붙으면 과연 누가 이길까? 바다 혹은 땅에서, 얼음판에서 대결을 펼치는 모습이 궁금하지 않니?

핵심 정보
이 둘은 차가운 얼음이 둥둥 떠다니는 바다와 육지를 오가며 활동해.

찍히면 죽는다!
북극 공포의 엄니

이름: 태평양바다코끼리
사는 곳: 러시아와 미국 알래스카의 해안가
공격 기술: 엄니로 찍어서 뚫어 버리기

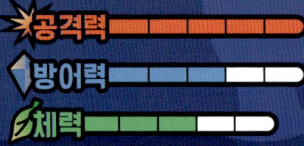

바다코끼리

- 8 ············· 바다코끼리 선수 후보
- 10 ············· 또 다른 바다코끼리를 소개해!
- 12 ············· 바다코끼리 선수는 누구야?
- 14 ············· 무시무시한 한 쌍의 엄니
- 16 ············· 엄니들을 구경해 볼까?
- 18 ············· 천하무적! 두툼한 피부와 지방층
- 20 ············· 투실투실 바다코끼리
- 22 ············· 헤엄 천재의 지느러미발 / 땅에선 뒤뚱, 물속에선 씽씽!
- 24 ············· 작은 물범 친구들
- 26 ············· 바다코끼리의 조개 사랑
- 28 ············· 똘똘 뭉쳐 새끼를 지켜라!

동물 소개 · 차례

거대한 덩치의 습격!
바다의 씨름꾼

이름: 남방코끼리물범
사는 곳: 남극과 남극 주변부
공격 기술: 몸통으로 마구 치기, 밀어붙이기

코끼리바다물범

코끼리바다물범 선수 후보 …………… 9
다른 코끼리바다물범이 궁금해! …………… 11
코끼리바다물범 선수는 바로! …………… 13
길쭉하게 처진 코 …………… 15
우리는 코가 특별해! …………… 17
숭숭, 털갈이 마치고 단장하기 …………… 19
잠수 대장 코끼리바다물범 …………… 21
물살을 가르는 물갈퀴 / 물속에서 뽐내는 헤엄 실력 …………… 23
잠수왕 코끼리바다물범 …………… 25
바닷고기는 다 맛있어! …………… 27
코끼리바다물범의 무리 생활 …………… 29

바다코끼리 선수 후보

짠, 바다코끼리 등장! 송곳니가 꼭 코끼리 상아랑 비슷해서 바다코끼리라고 불려. 바다코끼리는 대서양바다코끼리와 태평양바다코끼리가 있어. 오늘 대결 선수로 누가 나서면 좋을까? 우선 대서양바다코끼리부터 만나 보자!

대서양바다코끼리

대서양바다코끼리는 얼음으로 덮인 캐나다 북극 지방과 그린란드 부근에 주로 살아.

대서양바다코끼리가 사는 곳

북반구

북극 위에서 내려다본 지구의 모습

아프리카
유럽
북극권
아시아
대서양
북극점
북극해
남아메리카
북아메리카
태평양

코끼리바다물범 선수 후보

무시무시한 송곳니를 대적할 상대가 있겠냐고? 거대한 덩치를 뽐내는 코끼리바다물범은 어때? 송곳니는 없지만 길쭉하게 늘어진 코가 특징인 녀석이지. 코끼리바다물범은 북방코끼리물범과 남방코끼리물범이 있어. 북방코끼리물범 먼저 만나 볼까?

핵심 정보
수컷 북방코끼리물범은 암컷보다 세 배는 더 무거워.

북방코끼리물범

북방코끼리물범은 미국에서 멕시코에 이르는 북아메리카 서쪽 해안을 따라 살아.

또 다른 바다코끼리를 소개해!

태평양바다코끼리는 러시아와 미국 알래스카의 해안가에 사는 녀석이야. 대서양바다코끼리보다 덩치가 조금 더 크단다.

기본기 다지기

바다코끼리와 코끼리바다물범은 모두 '기각류'에 속해. '기각'은 지느러미 모양의 발을 뜻하지. 바다에서 헤엄치기에 딱이야!

태평양바다코끼리

북반구

북극 위에서 내려다본 지구의 모습

태평양바다코끼리가 사는 곳

아시아 유럽 아프리카

북극권

북극점

북극해

대서양

북아메리카

남아메리카

태평양

다른 코끼리바다물범이 궁금해!

남방코끼리물범은 남극과 남극 주변에 넓게 퍼져서 살아. 주로 바다에서 생활하다가 새끼를 낳을 때나, 털갈이를 할 때는 육지에서 지내지. 몸집이 북방코끼리물범보다 커.

남방코끼리물범

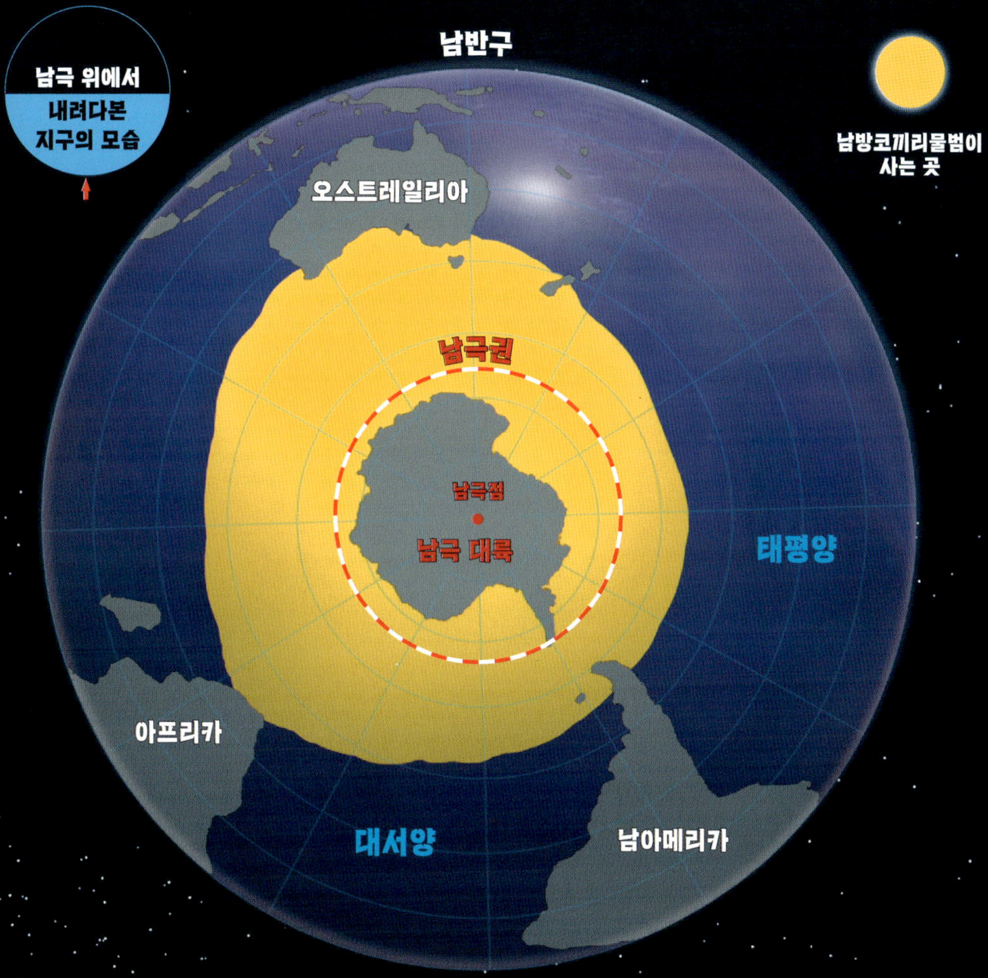

남극 위에서 내려다본 지구의 모습

남반구

오스트레일리아

남극권

남극점

남극 대륙

태평양

남방코끼리물범이 사는 곳

아프리카

대서양

남아메리카

바다코끼리 선수는 누구야?

그러니까 바다코끼리는 모두 북반구에, 남방코끼리물범은 남반구에 살아. 실제로는 둘이 마주칠 일이 없지. 그런데 이 책에서는 흥미진진한 대결을 위해 둘을 만나게 할 작정이야. 바다코끼리 중에서는 덩치가 더 큰 태평양바다코끼리가 출전한대!

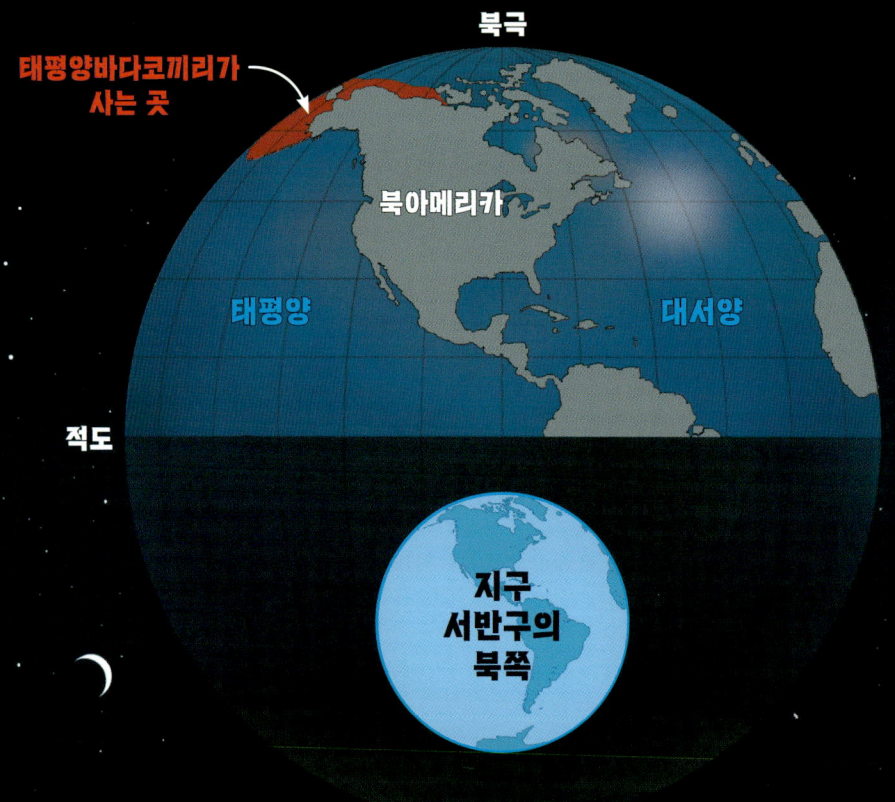

수컷 태평양바다코끼리의 몸집

엄청난 몸집을 자랑하는 수컷 태평양바다코끼리는 몸무게가 약 2000킬로그램까지 나가. 몸길이는 무려 3미터 넘게 자라지.

코끼리바다물범 선수는 바로!

코끼리바다물범 중에서는 남방코끼리물범이 대결에 나서기로 했어. 북방코끼리물범보다 몸집이 더 크고 강력하거든.

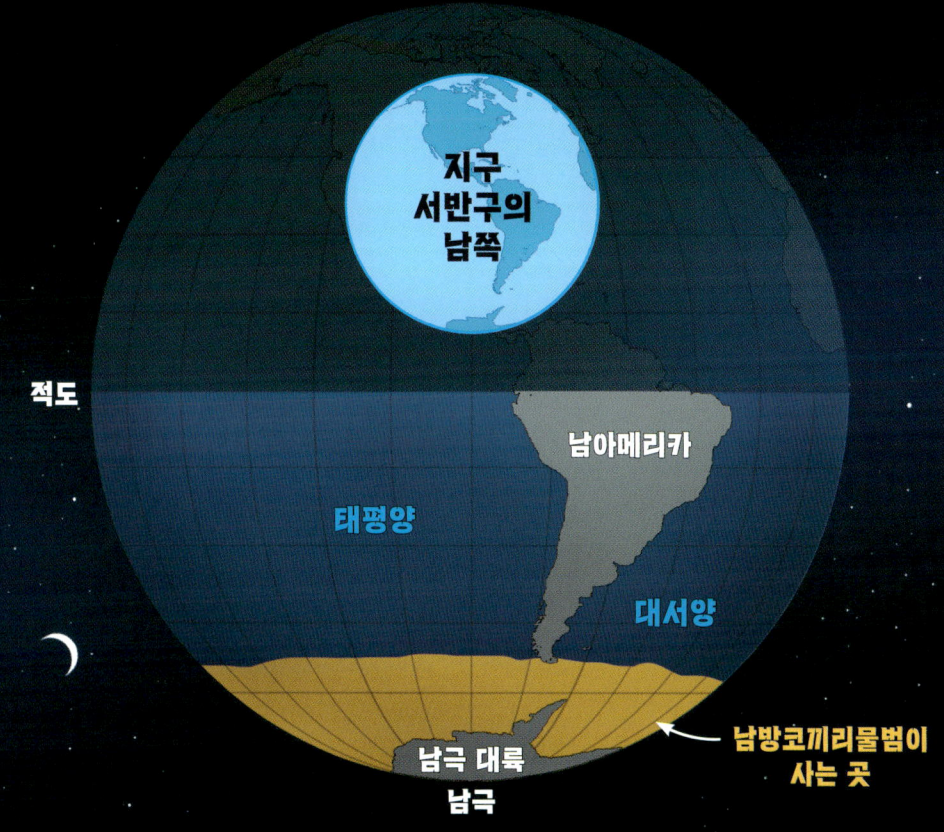

수컷 남방코끼리물범의 몸집

수컷 남방코끼리물범은 태평양바다코끼리보다 훨씬 커! 덩치가 큰 녀석은 몸무게만 4000킬로그램에 이르지. 몸길이는 무려 6미터까지 자란다고 해. 바다에 사는 포유류 가운데 고래 다음으로 커다란 동물이란다. 엄청나지?

놀라운 사실!
수컷에 비해 작은 암컷도 900킬로그램 정도 돼.

무시무시한 한 쌍의 엄니

저기 입 밖으로 길게 튀어나온 바다코끼리의 이빨 좀 봐. 위턱의 송곳니가 무려 1미터까지 길게 자란 거야. 이렇게 크고 날카롭게 발달한 이빨을 '엄니'라고 한단다. 바다코끼리는 이 엄니로 포악한 범고래나 북극곰을 위협해서 자신을 지켜.

핵심 정보
그다음 눈에 띄는 것은 뭐야? 엄니 위에 숭숭 난 수염이지! 바다코끼리는 굵고 무성하게 자란 수염으로 물속의 진동을 느껴서 먹잇감을 찾아내.

귓구멍

요건 몰랐지?
바다코끼리한테 귀가 없다고? 천만의 말씀! 귓바퀴가 없어서 귀가 없는 것처럼 보이지만 귓구멍이 있어.

귓바퀴

길쭉하게 처진 코

코끼리바다물범의 아래로 축 늘어진 코가 시선을 사로잡네! 수컷만 이런 독특한 모양의 코를 갖고 있지. 수컷 코끼리바다물범은 화가 나거나 흥분하면 코를 크게 부풀려서 입 속으로 넣은 다음 위협적인 큰 소리를 내.

핵심 정보
암컷 코끼리바다물범은 코가 작고, 부풀릴 수도 없어.

요건 몰랐지?
코끼리바다물범 역시 귓구멍만 있고, 귓바퀴는 없어.

엄니들을 구경해 볼까?

바다코끼리처럼 엄니를 가진 다른 동물들을 알아볼까?

기본기 다지기
엄니는 대개 쌍을 이루고 있어.

코끼리
주로 송곳니가 엄니로 발달한 다른 동물들과 달리, 앞니가 엄니로 발달했어.

하마
악어의 가죽을 뚫거나 사자의 머리를 부술 정도로 센 엄니를 가지고 있대!

바비루사
멧돼짓과에 속하는 동물로, 인도네시아의 강이나 호수 근처 숲속에 살아. 위턱과 아래턱에서 네 개의 긴 엄니가 위로 둥글게 뻗어서 자라지.

일각돌고래
머리 앞에 뿔처럼 길게 뻗은 한 개의 엄니 때문에 '바다의 유니콘'이라고도 불려.

우리는 코가 특별해!

코끼리바다물범처럼 코가 길쭉하게 늘어진 동물들도 만나 보자.

코끼리
코가 15만 개의 근육으로 이루어져 있어서 손처럼 자유자재로 움직일 수 있어.

테이퍼
근육으로 된 길쭉한 코를 유연하게 움직일 수 있지. 킁킁!

코주부원숭이
화가 나면 코가 빨개지거나 부풀어 오르기도 한대!

코끼리땃쥐
길쭉한 코로 주변을 탐색하고 먹이를 찾아.

천하무적! 두툼한 피부와 지방층

북슬북슬 털도 없는데 바다코끼리는 북극의 추위를 어떻게 견딜까? 비밀은 바로 두툼한 피부와 지방층이야. 바다코끼리의 피부는 4센티미터, 피부 밑의 지방층은 10센티미터에 이를 정도로 두꺼워서 차가운 물속에서도, 얼음판에서도 끄떡없어!

요건 몰랐지?
고래와 북극곰도 지방층이 두꺼워서 추운 곳에서 체온을 지킬 수 있지.

실제 크기

바다코끼리의 피부 약 4센티미터

바다코끼리의 지방층 약 10센티미터

핵심 정보
지방층이 두꺼울수록 에너지를 많이 저장할 수 있고, 부력도 더 많이 얻을 수 있어.

기본기 다지기
부력은 물 위로 둥둥 뜨려는 힘이란다.

놀라운 사실!
바다코끼리는 두툼한 피부와 지방층 덕분에 적의 공격에 쉽게 상처 입지 않아.

숭숭, 털갈이 마치고 단장하기

코끼리바다물범도 두꺼운 피부와 지방층으로 추운 곳에서 체온을 유지해. 그런데 아래 녀석 좀 봐. 피부가 벗겨지고 있네? 걱정은 마. 털갈이 중인 거니까. 코끼리바다물범은 일 년에 한 번씩 털갈이를 하는데, 이때 털이랑 피부 맨 위층이 같이 떨어져 나가.

핵심 정보
코끼리바다물범은 한 달 동안 털갈이를 해.

요건 몰랐지?
과거에는 사람들이 코끼리바다물범을 사냥해 고기는 식량으로 먹고, 가죽은 벗겨서 배를 만드는 데 썼대.

투실투실 바다코끼리

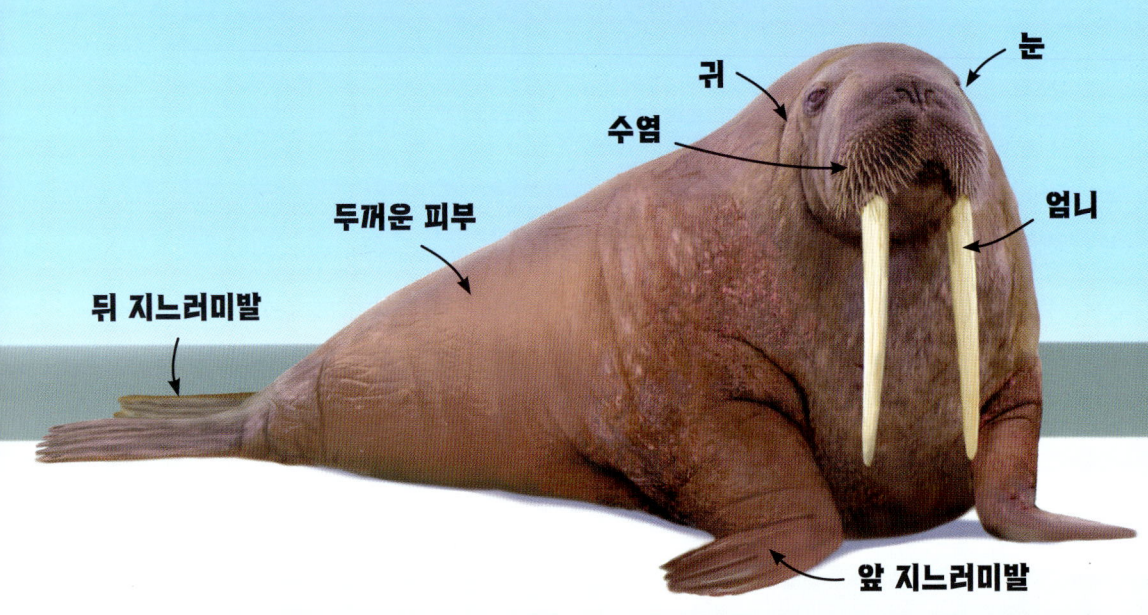

- 눈
- 귀
- 수염
- 엄니
- 두꺼운 피부
- 뒤 지느러미발
- 앞 지느러미발

바다코끼리는 2년에 한 번 새끼를 낳아. 새끼는 태어날 때부터 통통한 몸집과 근사한 수염을 뽐내지. 에헴!

새끼 바다코끼리

새끼 바다코끼리의 세계에 온 것을 환영해!

탄생 시기: 봄
사는 곳: 북극 근처
몸무게: 45~75킬로그램
특징: 멋쟁이 수염
좋아하는 것: 얕은 바다에서 조개 찾기

잠수 대장 코끼리바다물범

- 눈
- 귀
- 코
- 두꺼운 피부
- 뒤 지느러미발
- 앞 지느러미발

핵심 정보
코끼리바다물범은 잠수 대장이야. 물속에서 2시간까지 숨을 참을 수 있지!

암컷 코끼리바다물범은 약 11개월 동안 새끼 한 마리를 배 속에 품고 있다가 낳아. 새끼는 미래의 잠수 대장답게 태어난 지 사흘 만에 헤엄친대!

새끼 코끼리바다물범

세상에 태어난 것을 축하해!

이렇게 귀여운 새끼 코끼리바다물범도 37킬로그램이나 나가. 막 태어났는데 말이야!

헤엄 천재의 지느러미발

바다코끼리는 다리 대신 발달한 지느러미발로 물속에서 씽씽 헤엄쳐. 뒤 지느러미발을 움직여서 앞으로 나아가는 힘을 얻고, 앞 지느러미발로 방향을 잡지.

요건 몰랐지?
물개는 반대야. 뒤 지느러미발로 방향을 잡고, 앞 지느러미발의 힘으로 앞으로 나아가.

핵심 정보
바다코끼리는 물속에서 10분 동안 숨을 참을 수 있어.

땅에선 뒤뚱, 물속에선 씽씽!

바다코끼리는 땅에서 뒤뚱뒤뚱 움직여. 한 시간에 8킬로미터 정도 이동하지. 그런데 물속에서는 한 시간에 최대 35킬로미터를 헤엄칠 수 있을 만큼 빨라!

땅 위에서 — 최고 속도 8
물속에서 — 최고 속도 35

물살을 가르는 물갈퀴

코끼리바다물범도 다리 대신 지느러미발이 있어. 지느러미발에는 발가락이 5개씩 있지. 발가락 사이에는 오리발처럼 물갈퀴가 있어서 헤엄을 아주 잘 쳐.

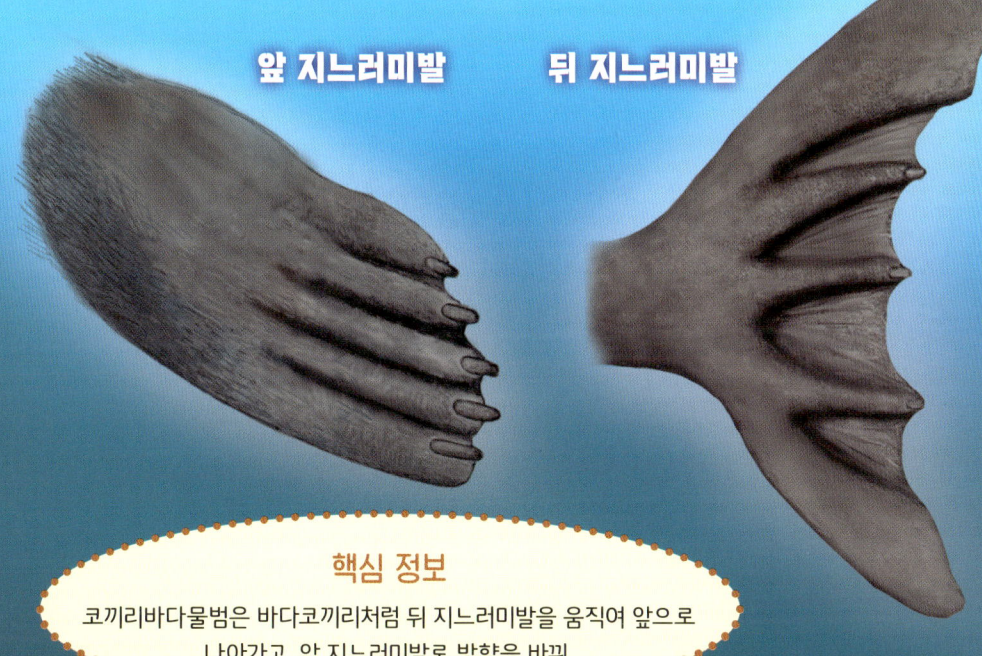

앞 지느러미발   뒤 지느러미발

핵심 정보
코끼리바다물범은 바다코끼리처럼 뒤 지느러미발을 움직여 앞으로 나아가고, 앞 지느러미발로 방향을 바꿔.

물속에서 뽐내는 헤엄 실력

코끼리바다물범도 땅에서 한 시간에 8킬로미터 정도 움직여. 배를 바닥에 대고 밀면서 다니지. 하지만 물속에선 달라! 한 시간에 24킬로미터를 헤엄치는 수영 고수야.

땅 위에서 — 최고 속도 8

물속에서 — 최고 속도 24

작은 물범 친구들

바다에는 바다코끼리와 비슷하게 생긴 물범, 물개 등이 살고 있어. 여기에서는 그중 몸집이 작은 두 물범을 소개할게.

네르파

지구에서 가장 작은 물범이야. 작은 몸집 외에도 네르파는 특별한 점이 있어. 바다코끼리, 물범, 물개는 대부분 바다에서 사는데, 네르파는 소금기가 없는 호수에서 산다는 말씀! 오직 러시아의 바이칼 호수에서만 살아서 '바이칼물범'으로도 불려.

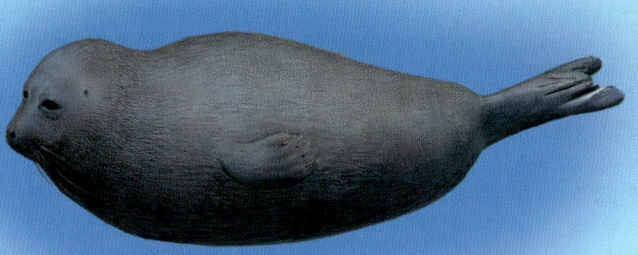

**120센티미터
90킬로그램**

고리무늬물범

바다에 사는 가장 작은 물범이야. 네르파보다 몸길이가 약 30센티미터 더 길어. 이따금씩 핀란드, 러시아, 캐나다 북부의 민물 호수에 나타나기도 한대!

**150센티미터
90킬로그램**

> **놀라운 사실!**
> 바다코끼리는 먹잇감인 조개를 찾으려고 바닷속 76미터 아래까지 내려가.

잠수왕 코끼리바다물범

코끼리바다물범은 잠수의 귀재야. 오징어나 물고기 같은 먹잇감을 찾으러 바닷속 1600미터 아래까지 내려가기도 한다니까!

대형 선박

핵심 정보
코끼리바다물범은 바다에 사는 포유류 중 잠을 가장 적게 자. 깊은 바닷속으로 잠수하면서 10분에서 20분씩 쪽잠을 자거든. 이렇게 자는 시간을 다 합쳐도 하루에 겨우 2시간밖에 안 된대!

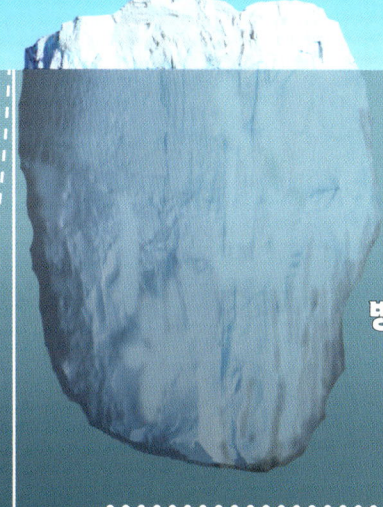
빙산

놀라운 사실!
코끼리바다물범의 지방에서 나오는 기름은 등불을 밝히는 데 쓰였어.

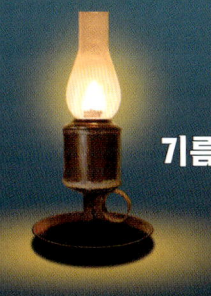
기름등

요건 몰랐지?
사람들이 이 기름을 얻으려고 코끼리바다물범을 마구 사냥하는 바람에 한때 멸종될 뻔했지 뭐야!

1600미터

바다코끼리의 조개 사랑

앗, 바다코끼리의 머리뼈다! 엄니가 아주 무시무시한걸? 바다코끼리는 주로 조개를 먹고 살아.

바다코끼리의 머리뼈

바다코끼리는 수염으로 모래 속에 묻혀 있는 조개들을 찾아내. 그러고는 진공청소기처럼 입으로 조갯살을 쏙 빨아내지. 냠냠!

바닷고기는 다 맛있어!

코끼리바다물범의 머리뼈도 한번 볼까? 코끼리바다물범은 바닷속의 물고기, 오징어 등 작은 생물뿐 아니라 상어나 다른 물범처럼 큰 동물도 잡아먹어.

코끼리바다물범의 머리뼈

아래는 북극곰의 머리뼈야. 코끼리바다물범의 머리뼈와 꽤 닮았지?

북극곰의 머리뼈

똘똘 뭉쳐 새끼를 지켜라!

비상사태! 북극곰이 바다코끼리를 사냥하러 나타났어. 아직 몸집이 작은 새끼 바다코끼리가 타깃이야. 하지만 새끼를 순순히 넘겨줄 바다코끼리가 아니지! 바다코끼리들은 새끼들을 한가운데에 두고 둥글게 에워싸서 적으로부터 보호한단다.

핵심 정보
북극곰의 바다코끼리 사냥은 종종 실패로 끝나. 바다코끼리의 커다란 덩치와 기다란 엄니는 북극곰에게도 무척 위협적이거든.

놀라운 사실!
바다코끼리는 땅에서 잠을 청하는데, 한번에 19시간을 쭉 자. 쿨쿨….

코끼리바다물범의 무리 생활

코끼리바다물범은 주로 물속에서 생활하다가 짝짓기 시기가 되면 땅으로 올라와 거대한 무리를 지어서 지내. 이때 수컷들이 주먹코를 부풀려 큰 소리를 내서 주변이 아주 시끌시끌하지. 암컷을 차지하려고 수컷들끼리 기 싸움을 하는 거야.

놀라운 사실!
평소 하루에 2시간밖에 자지 않는다던 코끼리바다물범은 짝짓기 시기가 되면 해변에 누워 하루에 10시간씩 잠을 잔대. 드르렁드르렁 푸!

최강 동물 대결! 1라운드 : 운명적 땅 위 대결

잠깐 쉬려고 뭍으로 올라오던 바다코끼리와 코끼리바다물범이 딱 마주쳤어. 하필 둘이 같은 곳을 점찍었나 봐. 지금 쉬는 게 대수겠어? 둘은 몸을 팔딱팔딱, 통통 튕기면서 서서히 서로에게 다가갔어.

한참이 지나서야 둘은 코앞에서 만났어. 바다코끼리가 먼저 고개를 번쩍 쳐들고 길쭉한 엄니로 기선 제압에 나섰지.

품, 코끼리바다물범은 엄니 따위 전혀 무섭지 않았어. 자기보다 덩치도 작으면서 겁도 없이 덤비는 바다코끼리가 가소로울 뿐이었지. 코끼리바다물범은 거대한 몸통으로 바다코끼리를 냅다 밀쳐 버렸어.

퍼억!

철푸덕! 바다코끼리가 한 방에 나가떨어지고 말았어. 코끼리바다물범에게 바다코끼리 하나 물 먹이는 것쯤이야 일도 아니었지.

땅 위 대결은 코끼리바다물범이 이겼어! 그런데 둘의 싸움이 정말 끝난 걸까?

2라운드 : 박빙의 얼음판 싸움

땅에서 쫓겨난 바다코끼리는 쉴 곳을 찾아 헤맸어. 그러다 물 위에 둥둥 떠 있는 얼음을 발견했지. 바다코끼리는 곧 얼음 한 귀퉁이에 엄니를 쿡 찍어서 그 위로 몸을 훌쩍 끌어올렸어. 얼음 위라면 방해받지 않고 편히 쉴 수 있을 것 같았거든.

그런데 코끼리바다물범은 화가 다 풀리지 않았나 봐. 바다코끼리를 한참 지켜보더니 다시 다가가는 게 아니겠어? 그러고는 얼음 위로 올라가 덤비려는데… 이게 웬걸, 얼음이 너무 미끄러워서 도저히 올라갈 수가 없었어!

미끄덩미끄덩

바다코끼리는 얼음 위로 기어오르려고 버둥거리는 코끼리바다물범의 꼴이 우습기만 했어. 절호의 기회를 놓칠세라 엄니로 코끼리바다물범의 머리를 콱! 내리찍었지.

번쩍

코끼리바다물범은 엄니 공격 한 방에 털썩 쓰러지고 말았어. 이번 싸움은 바다코끼리의 승! 지금까지 일 대 일, 승부는 원점으로 돌아왔지.

3라운드 : 바닷속 최후의 혈투

어느 날, 둘은 바닷속에서 운명적으로 다시 마주쳤어. 코끼리바다물범은 자신만만했어. 바닷속에서 바다코끼리보다 숨을 더 오래 참을 수 있었거든. 코끼리바다물범은 거대한 덩치로 바다코끼리를 마구 몰아붙였어.

코끼리바다물범이 바다코끼리의 목덜미를 콱 깨물었어. 바다코끼리의 피부가 아무리 두꺼워도 막을 수 없었지. 코끼리바다물범은 상처 입은 바다코끼리를 사정없이 물속으로 처넣었어.

퍽! 퍽! 퍽! 코끼리바다물범은 쉴 새 없이 바다코끼리를 들이받았어. 그럴수록 바다코끼리의 상처는 더 깊어졌지. 저런, 바다코끼리가 결국 기절해 버렸네. 세 번의 대결에서 코끼리바다물범이 두 번 이겼어. 최후의 승자는 코끼리바다물범이야!

누가 더 유리할까?

아래 체크 리스트의 각 항목을 보고, 더 강한 동물에 체크 표시(∨)해 봐!

바다코끼리		코끼리바다물범
☐	몸집	☐
☐	엄니	☐
☐	피부와 지방층	☐
☐	잠수 실력	☐
☐	스피드	☐

★ **찾아보자!** 몸집 12~13쪽, 엄니 14쪽, 피부와 지방층 18~19쪽, 잠수 실력 21~22, 24~25쪽, 스피드 22~23쪽

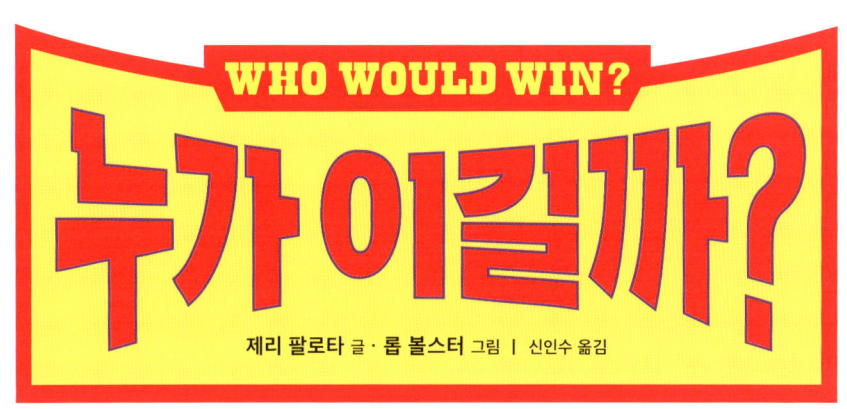

제리 팔로타 글 · 롭 볼스터 그림 | 신인수 옮김

바닷가재

VS

게

거기, 발밑을 조심해!
무시무시한 집게발이 언제 네 발가락을 노릴지 몰라.

바짝 치켜든 집게발들 좀 봐! 바닷가재와 게가 금방이라도 서로를 공격할 것만 같아. 앗, 둘이 점점 가까워지고 있어. 정말 싸움을 벌이려나 본데! 이 둘이 맞붙으면 과연 누가 이길까? 최강의 집게발을 가리는 대결이 벌써 흥미진진한걸!

묵직한 집게발로 콱!
바닷속 무적의 싸움꾼

이름: 대서양바닷가재
사는 곳: 미국 북동쪽부터 캐나다 동쪽의 해안가
공격 기술: 집게발로 찢고 자르기, 부수기, 으깨기

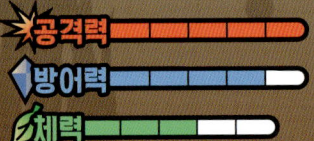

바닷가재

44 …………… 바닷가재 선수를 찾아라!
46 …………… 바닷가재 선수 입장!
48 …………… 얕은 바닷속이 아늑해
50 …………… 바닷가재의 몸 탐구하기
52 …………… 바닷가재의 암수를 맞혀 봐!
54 …………… 바닷가재의 묵직한 집게발
56 …………… 어떤 미끼를 놓을까?
58 …………… 몸을 지켜 주는 튼튼한 외골격
60 …………… 알의 특명, 살아남기!
62 …………… 눈 대신 더듬이를 쓴다고? / 바닷가재의 신비한 세계
64 …………… 돌기 달린 껍데기 갑옷 / 잡아도 될까?
66 …………… 바닷가재 레스토랑

동물 소개 · 차례

치고 빠지는 공격 천재
빈틈을 노리는 승부사

이름: 대서양꽃게
사는 곳: 대서양 해안가와 멕시코만 부근
공격 기술: 집게발로 싹둑 자르기, 몸통으로 달려들기

게

- 라이벌로 나설 게는? ……………… 45
- 상대편 선수, 게 입장! ……………… 47
- 너무 짠물은 싫어! ……………… 49
- 게의 몸 해부하기 ……………… 51
- 암컷 게일까, 수컷 게일까? ……………… 53
- 딱딱딱, 게의 날쌘 집게발 ……………… 55
- 물속에 있는 게 잡는 법 ……………… 57
- 작아진 껍데기는 안녕! ……………… 59
- 꼭꼭 품어라, 영양 만점 알 ……………… 61
- 이쪽저쪽 동시에 보는 눈 / 쉿, 게의 비밀! ……………… 63

바닷가재 선수를 찾아라!

게와 싸울 선수로 어떤 바닷가재를 내보내면 좋을까?

닭새우
북대서양의 카리브해에서 온 닭새우?
미안, 집게발이 없어서 안 되겠어.

분홍왕새우
분홍빛이 감도는 분홍왕새우는 어떻냐고?
어림없어! 심지어 바닷가재가 아닌 새우라고.

슬리퍼로브스터
넓적한 신발처럼 생긴 이놈? 딱 봐도 싸움
못하게 생겼잖아. 조개나 캐 먹으면서
편히 쉬게 내버려두자.

대서양바닷가재
와우, 집게발이 아주 훌륭해!
드디어 제대로 된 선수가
나타났군!

라이벌로 나설 게는?

어디 보자…. 선수들끼리 실력이 비슷해야 대결이 볼 만하겠지? 대서양바닷가재에 걸맞는 게 선수는 무엇일까?

대짜은행게
글쎄, 미국 샌프란시스코에서는 특산물로 유명하지. 하지만 껍데기가 고무 같아서 바닷가재한테는 안 돼.

왕게
왕게는 선수로 나갈 수 없어. 다른 게보다 다리가 두 개나 적잖아! 싸움이 안 되지. 그래도 맛만큼은 인정해.

> **기본기 다지기**
> 게의 다리는 한 쌍의 집게발과 네 쌍의 다리까지 총 열 개야.

투구게
이놈은 사실 이름만 게야. 몸의 구조를 샅샅이 보면 전갈, 거미 등이랑 더 가깝지.

대서양꽃게
드디어 간판 스타가 나섰군! 뭐니 뭐니 해도 집게발이 날카로운 대서양꽃게가 선수로 나가야지!

바닷가재 선수 입장!

딱, 딱! 얕은 바다 밑 바위틈에서 대서양바닷가재가 등장했어. 단단한 껍데기로 무장한 무시무시한 집게발을 보니 벌써 도망치고 싶은걸!

핵심 정보
바닷가재의 꼬리는 단단한 근육질이야.

요건 몰랐지?
바닷가재는 이빨이 위 속에 있어. 통째로 먹이를 삼키고 위에 있는 이빨로 꼭꼭 씹어 소화시키지.

몸길이가 약 1미터에, 몸무게는 20킬로그램이 넘는 대서양바닷가재가 잡힌 적이 있대. 거의 대여섯 살 어린이만 한 거야!

상대편 선수, 게 입장!

다다닥, 날카로운 집게발을 자랑하는 대서양꽃게가 위풍당당 등장했어! 게딱지와 다리 군데군데에 아름다운 푸른빛이 돌아서 '블루크랩'으로도 불려.

핵심 정보

대서양꽃게는 이름 부자야. 맨 아래 한 쌍의 납작한 다리로 노를 젓는 것처럼 빠르게 헤엄쳐서 '스위밍크랩'이라고도 해.

요건 몰랐지?

게도 위 속에 이빨이 있어. 그래서 입으로 먹이를 베어 물지 않고 위에서 잘게 부수지.

지금까지 발견된 대서양꽃게 중 가장 큰 것은 몸통 너비가 약 30센티미터이고, 무게가 약 500그램 정도래.

얕은 바닷속이 아늑해

대서양바닷가재는 미국 북동쪽부터 캐나다 동쪽까지의 해안가에 걸쳐 살아. 낮 동안에는 얕은 바닷속의 바위틈이나 축축한 모래 바닥에 숨어 있다가 밤에 활동하지.

너무 짠물은 싫어!

대서양꽃게는 주로 대서양 해안가와 멕시코만 부근에서 살아. 특히 미국 매사추세츠주 남쪽 해안가부터 텍사스주 국경을 따라서 굉장히 많이 발견되지. 낮에는 모래 속에 숨어 지내다가, 밤이 되면 뽈뽈 기어 나온대.

요건 몰랐지?
바로 여기! 미국 체서피크만이 대서양꽃게로 가장 유명해.

미국에서 대서양꽃게가 사는 곳

미국

놀라운 사실!
체서피크만으로 150개가 넘는 강과 하천의 물줄기가 흘러들어.

기본기 다지기
'만'이 뭐냐고? 바다가 육지 안으로 파고든 곳이야. 그래서 육지의 강물이 흘러들기 쉽단다.

핵심 정보
대서양꽃게는 바닷물과 강물이 섞여서 소금기가 적고, 물이 얕은 곳을 좋아해.

멕시코

바닷가재의 몸 탐구하기

바닷가재는 머리와 가슴이 하나로 붙어 있어. 이 부위를 '머리가슴'이라고 하지. 다리는 집게발 한 쌍까지 총 열 개야.

핵심 정보
바닷가재의 양쪽 집게발은 모양도, 하는 일도 서로 달라.

집고 찢는 집게발

으깨는 집게발

더듬이

입

눈

먹는 데 쓰는 다리

머리가슴

관절

다리

꼬리

최고 속도 1.6

놀라운 사실!
바닷가재는 집게발로 먹잇감을 잘게 찢고 으깬 다음, 앞쪽 다리 두 쌍을 이용해서 입으로 가져가.

바닷가재는 땅에서 잘 걷지 못해. 집게발이 너무 무거워서 균형을 잡기 어렵거든. 한 시간에 고작 1.6킬로미터 정도만 갈 수 있다지. 거북이걸음이 따로 없네!

게의 몸 해부하기

게도 머리와 가슴이 하나로 되어 있어. 온몸은 껍데기에 덮여 있지. 이렇게 몸이 딱딱한 껍데기로 싸인 동물을 '갑각류'라고 해. 바닷가재, 새우도 갑각류에 속한단다.

기본기 다지기
게는 대부분 옆으로 걷고 뛰어. 푸른병정게처럼 앞으로 걷는 놈도 있지만 말이야.

집게발

눈

더듬이

껍데기

헤엄다리

걷는다리

핵심 정보
노처럼 생긴 납작한 다리가 대서양꽃게의 수영 비법이라고 했던 거 기억하지? 이 특별한 다리를 '헤엄다리'라고 한단다.

최고 속도
16

대서양꽃게는 땅 위에서 뛰는 것도 끝내주게 잘해. 한 시간에 16킬로미터나 갈 수 있다니까? 보통 사람이 달리는 것보다 훨씬 빠른 속도야.

바닷가재의 암수를 맞혀 봐!

처음엔 바닷가재의 암수를 구별하기가 어려울지도 몰라. 하지만 가만 살펴보면 암컷보다 수컷의 집게발이 훨씬 크고 넓적해. 첫 번째 헤엄다리도 조금 다르게 생겼어!

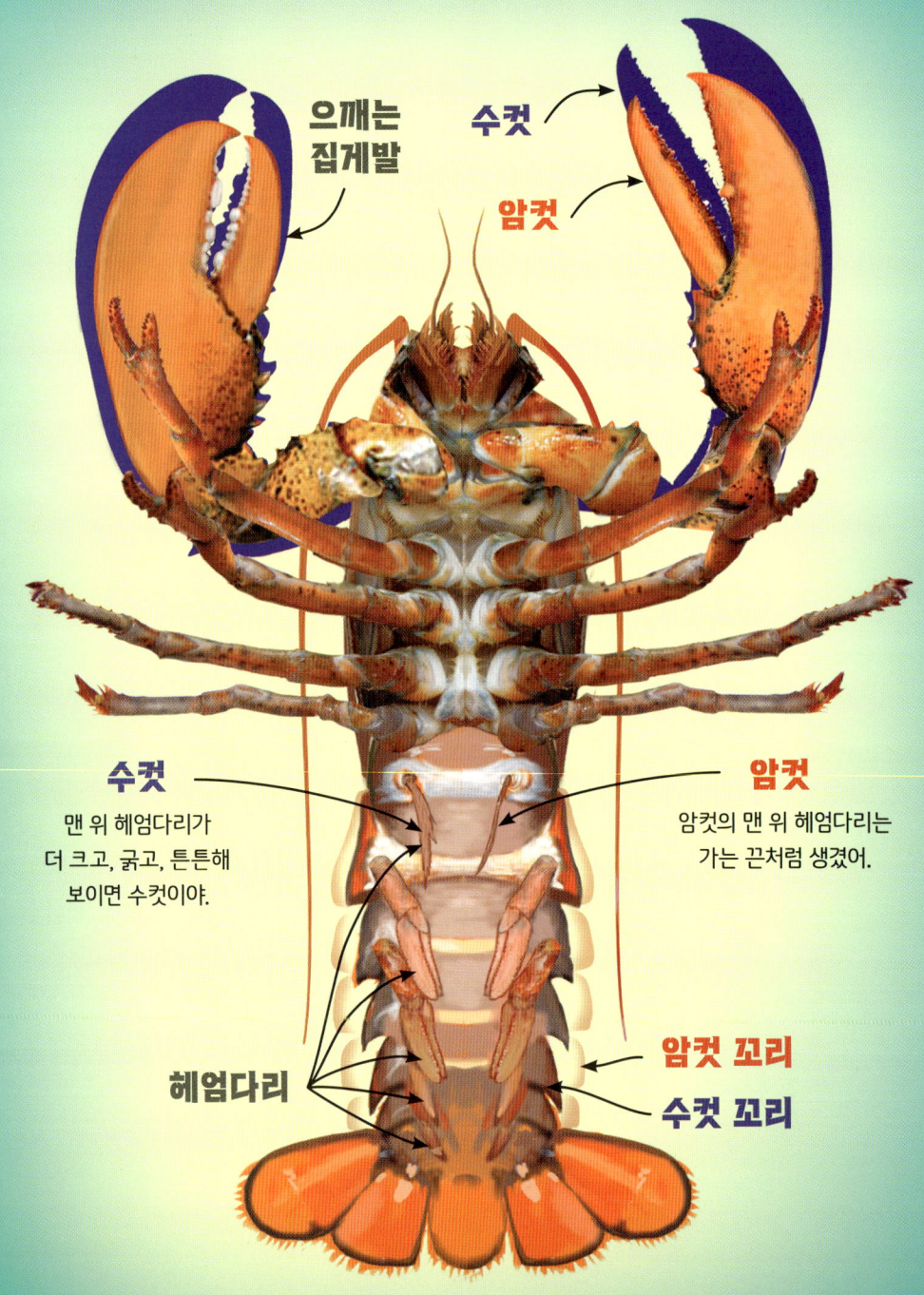

으깨는 집게발

수컷

암컷

수컷
맨 위 헤엄다리가 더 크고, 굵고, 튼튼해 보이면 수컷이야.

암컷
암컷의 맨 위 헤엄다리는 가는 끈처럼 생겼어.

헤엄다리

암컷 꼬리
수컷 꼬리

참, 바닷가재의 꼬리는 수컷보다 암컷이 더 넓적해. 알을 품어야 하기 때문이지!

암컷 게일까, 수컷 게일까?

대서양꽃게는 암수를 구별하기가 쉬워! 암컷만 집게발 끝이 빨간색이거든. 배딱지 모양도 달라. 게를 뒤집으면 양쪽 다리 사이에 있는 판판한 덮개가 바로 배딱지란다. 먼저 암컷의 배딱지부터 볼까? 꼭 미국 국회 의사당 지붕처럼 생겼네!

암컷 배딱지

미국 국회 의사당 지붕

핵심 정보
암컷은 알을 품어야 해서 배딱지가 넓고 둥글어.

한편, 수컷은 배딱지가 뾰족한 뿔 모양이야. 미국의 워싱턴 기념탑이랑 닮았다고 말하는 사람도 있더라고.

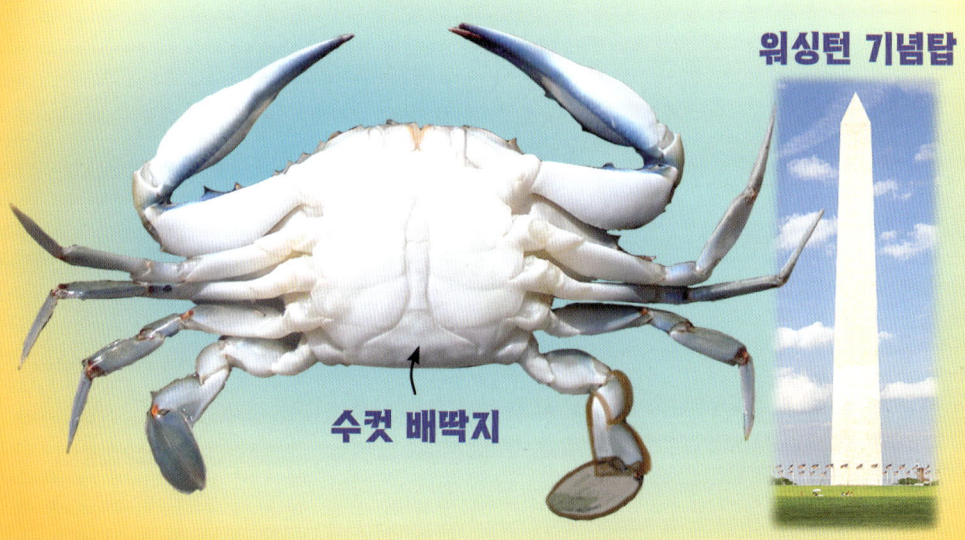

수컷 배딱지

워싱턴 기념탑

바닷가재의 묵직한 집게발

바닷가재의 가장 강력한 무기, 집게발을 좀 더 자세히 알아보자. 두 집게발 중에서 더 크고 넓적한 게 으깨는 집게발이야. 집는 집게발은 그보다 더 가늘고 날카롭지.

으깨는 집게발

으깨는 집게발은 움직임은 좀 느리지만 힘이 아주 강력해. 집는 집게발은 날렵한 게 장점이지.

> **놀라운 사실!**
> 바닷가재 집게발의 길이는 자신의 몸길이와 비슷해. 우아!

집는 집게발

집게발의 오른쪽 왼쪽 위치는 정해져 있지 않아. 어떤 바닷가재는 왼쪽 집게발이 집는 집게발일 수도 있다는 말이야.

딱딱딱, 게의 날쌘 집게발

대서양꽃게는 양쪽 집게발이 서로 거울에 비춘 것처럼 똑같이 생겼어. 하는 역할도 따로 나뉘어 있지 않아.

놀라운 사실!
어떤 대서양꽃게는 집게발이 자기 몸통보다도 길대!

핵심 정보
대서양꽃게는 날카로운 집게발로 자신을 방어하고 먹이를 먹기 좋게 조각내기도 해.

깜짝 질문
오른쪽 대서양꽃게는 수컷일까, 암컷일까? 정답은 수컷. 집게발 끝이 빨갛지 않으니까!

어떤 미끼를 놓을까?

사람들은 바닷가재를 잡을 때 주로 아래처럼 생긴 덫을 이용해. 덫에는 바닷가재가 좋아하는 물고기의 머리, 내장, 뼈 등을 미끼로 넣어 두지.

요건 몰랐지?
미끼는 3~4일에 한 번씩 새로 넣어.

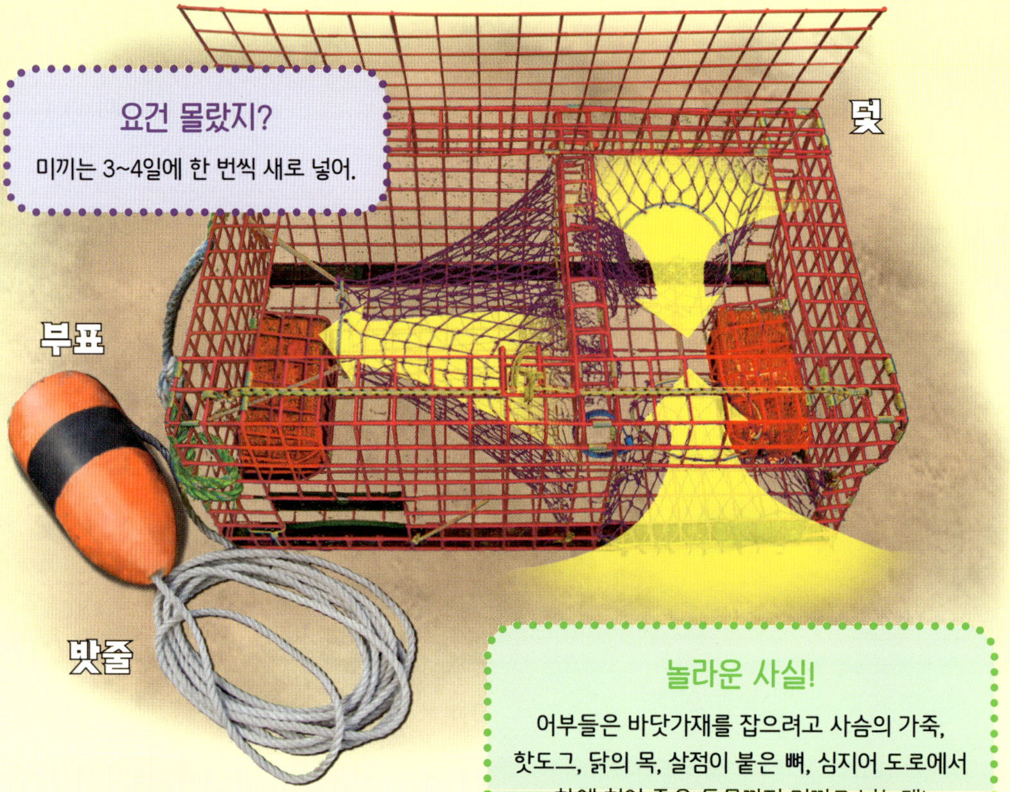

덫

부표

밧줄

놀라운 사실!
어부들은 바닷가재를 잡으려고 사슴의 가죽, 핫도그, 닭의 목, 살점이 붙은 뼈, 심지어 도로에서 차에 치여 죽은 동물까지 미끼로 넣는대!

어부들은 덫이 준비되면 밧줄로 부표를 매달아서 바닷속에 던져. 그럼 덫은 물속으로 가라앉고 부표만 물 위에 둥둥 뜨지. 어부들은 부표를 보고 자기 덫이 무엇인지, 어디에 있는지 알아낸단다.

기본기 다지기
부표는 바닷속에 던져 놓은 것의 위치를 기억하려고 물 위에 띄워 두는 장치야.

물속에 있는 게 잡는 법

게는 주낙과 뜰채, 게통발 등으로 잡아. 주낙은 긴 낚싯줄에 여러 개의 갈고리를 달아서 물속에 늘어뜨려 고기를 잡는 도구야.

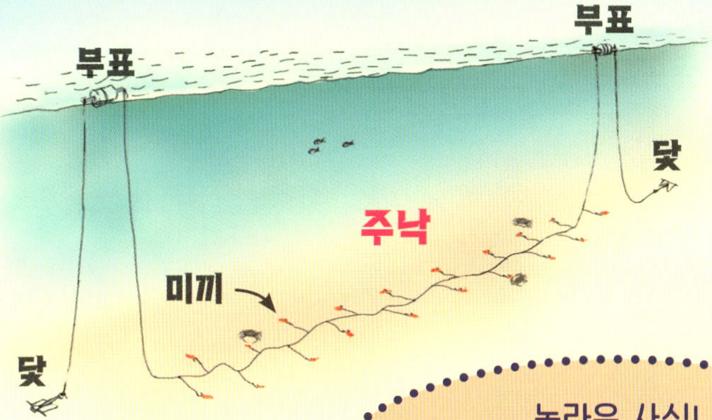

부표 **부표**
닻
주낙
미끼
닻

요건 몰랐지?
주낙은 어부용이야. 이런 장비가 없는 사람들은 일반 낚싯대로 게를 잡아 뜰채로 건져 올리지.

놀라운 사실!
어떤 게는 낚싯줄에 걸리는 위급한 상황에 처하면 자기 다리를 자르고 도망가기도 해. 잘린 다리는 나중에 다시 자란다고!

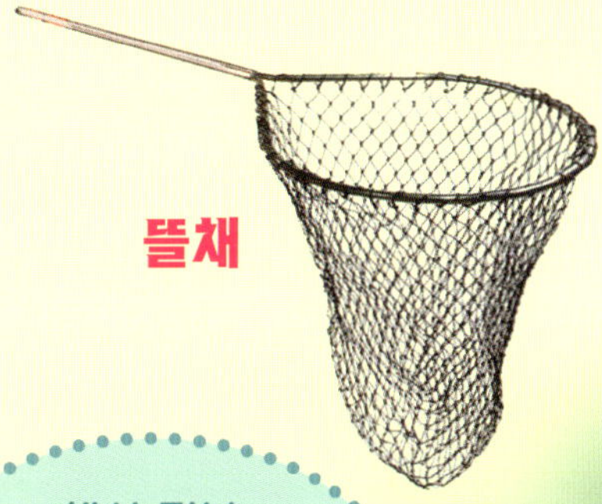

뜰채

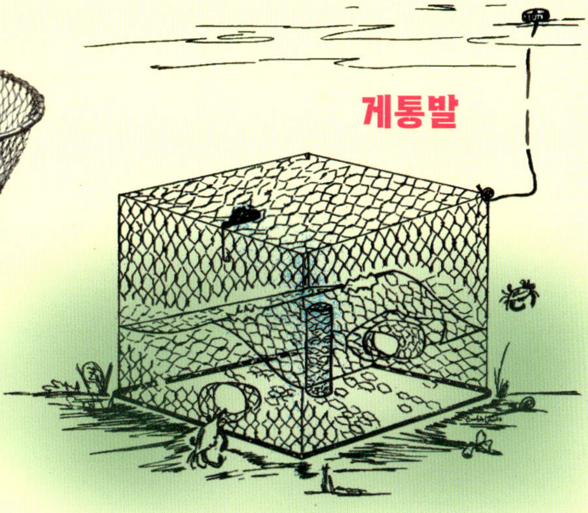

게통발

핵심 정보
게는 바닷속 썩은 고기까지 싹 먹어 치워서 바다 청소부라는 별명이 있어.

게가 가장 좋아하는 미끼는 바로 고기야. 닭고기, 물고기, 소고기… 고기면 일단 삼키고 볼걸!

닭 **물고기** **소**

몸을 지켜 주는 튼튼한 외골격

바닷가재는 몸속에 뼈가 없어. 대신 몸 바깥을 둘러싼 단단한 껍데기로 몸을 지탱하고 보호하지. 이걸 '외골격'이라고 해. 자라면서 몸집이 커지면 껍데기를 쑤욱 벗고 나오는데, 이를 '탈피'라고 한단다.

 낡은 외골격

 탈피하는 바닷가재

핵심 정보
바닷가재는 죽을 때까지 셀 수 없이 많은 탈피를 해. 쑥쑥 자라는 어릴 때일수록 탈피를 더 자주 하지.

요건 몰랐지?
막 탈피를 마친 바닷가재의 외골격은 아주 연해.

놀라운 사실!
바닷가재는 탈피 후에 영양을 보충하려고 자신이 벗은 껍데기를 먹기도 해.

작아진 껍데기는 안녕!

게도 외골격을 가진 동물이야. 성장하려면 탈피를 해야만 하지.

핵심 정보
어린 게는 탈피를 며칠 간격으로 되풀이해. 어느 정도 자라면 횟수가 점점 줄어들지.

■ 낡은 외골격
■ 탈피하는 게

요건 몰랐지?
게는 대부분 캄캄한 밤에 탈피를 하고, 몇 분 안에 빠르게 끝내.

놀라운 사실!
탈피를 마친 지 얼마 안 된 게는 외골격이 무르고 약해서 적에게 잡아먹힐 위험이 커. 그러니까 조심 또 조심해야 해!

알의 특명, 살아남기!

우아, 알을 잔뜩 품은 암컷 대서양바닷가재야! 어미는 꼬리 안쪽, 헤엄다리가 있는 곳에 알을 아홉 달에서 열두 달 동안 품고 다녀.

핵심 정보
바닷가재의 알이 5만 개가 있다면, 그중 두 개 정도만 어미 크기만큼 자랄 수 있대.

바닷가재는 한 번에 수천에서 수십만 개의 짙은 녹색 알을 낳아. 알은 점차 밝은 주황색으로 변하고 부화*하지. 어미는 새끼가 나올 때가 되면 몸을 흔들어서 새끼들이 알 밖으로 떨어져 나오도록 도와줘.

놀라운 사실!
저런, 알에서 나온 새끼들은 하루가 지나면 절반 정도가 적에게 잡아먹히고 말아.

새끼 바닷가재

*부화: 동물의 알 속에서 새끼가 껍데기 밖으로 나옴.

꼭꼭 품어라, 영양 만점 알

암컷 대서양꽃게가 노란 알을 가득 품었네! 게는 배딱지 속에 알을 품어. 게 알은 맛 좋은 단백질 덩어리지. 쩝!

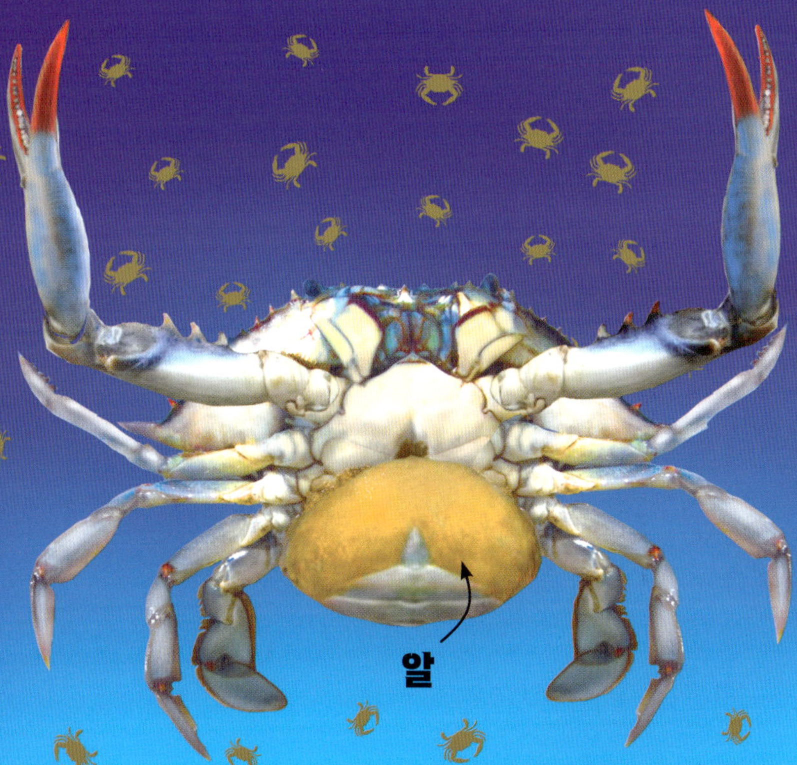

알

바닷가재가 알을 수십만 개 낳는다고? 홋, 대서양꽃게는 한 번에 무려 200만 개의 알을 낳아.

새끼 게

눈 대신 더듬이를 쓴다고?

바닷가재의 새까만 눈 좀 봐! 바닷가재는 사실 시력이 좋지 않아. 대신 더듬이로 물체의 떨림을 감지하고 냄새를 맡아서 적을 피하고 먹이를 사냥하지. 만능 더듬이네!

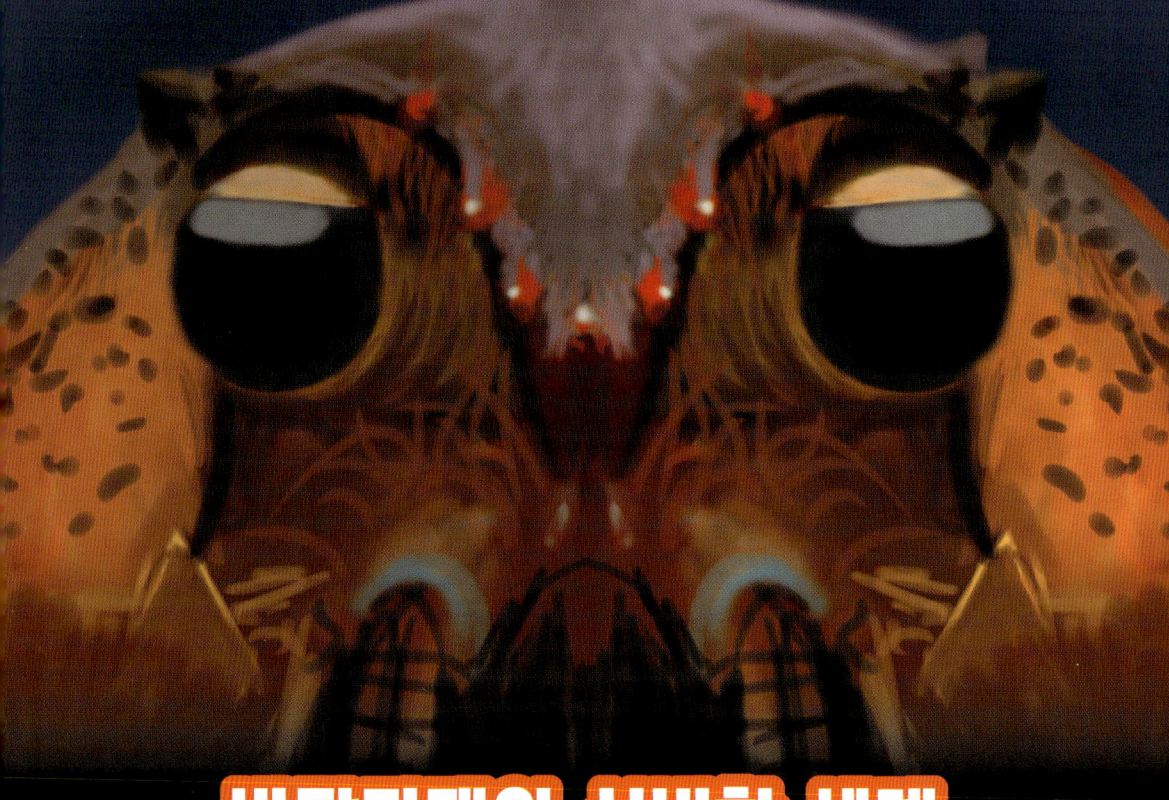

바닷가재의 신비한 세계

핵심 정보
바닷가재도 위험에 처하면 스스로 다리를 떼어 내고 도망쳐. 다리 걱정은 마. 다음번 탈피할 때 다시 자라니까.

요건 몰랐지?
쉬~ 바닷가재는 눈 바로 아래에 오줌을 누는 구멍이 있어. 짝짓기를 할 때 서로의 얼굴에 오줌 줄기를 갈기면서 인사하기도 하지. "안녕, 만나서 반가워. 찍!"

놀라운 사실!
굶주린 바닷가재는 서로를 잡아먹기도 해.

이쪽저쪽 동시에 보는 눈

게의 눈은 홑눈 여러 개가 촘촘하게 모인 겹눈이야. 또 동시에 서로 다른 방향을 볼 수 있지. 하지만 시력은 썩 좋지 않아. 그래서 게도 눈 대신 더듬이에 의지해서 물체를 감지하고 냄새를 맡아.

쉿, 게의 비밀!

핵심 정보

게는 대체로 물속에서 물고기처럼 아가미로 호흡해. 물이 부족한 육지에서는 몸속에 저장해 두었던 물로 힘겹게 호흡하지. 이때 게는 입으로 보글보글 거품을 내뿜는단다.

요건 몰랐지?

게의 항문은 입 바로 아래에 있어. 킁킁, 용변을 누고 나서 뒤처리를 정말 잘해야겠는걸?

돌기 달린 껍데기 갑옷

바닷가재는 껍데기 곳곳에 뾰족한 돌기가 나 있어. 위협적인 돌기가 달린 껍데기가 갑옷처럼 온몸을 무장하고 있는 거야. 다 덤벼!

코에 난 돌기

꼬리에 난 돌기

관절에 난 돌기

놀라운 사실!
바닷가재는 무시무시한 집게발로 사람 손가락을 싹둑 자르거나 팔을 부러뜨릴 수 있대. 으악!

핵심 정보
바닷가재는 강력한 꼬리 힘으로 뒤로도 헤엄칠 수 있어. 위협을 느끼면 순식간에 꼬리를 말았다 펴면서 뒤로 쌩 도망쳐 버리지.

잡아도 될까?

기본기 다지기
바닷가재는 눈부터 머리가슴 끝부분까지가 몸길이야.

요건 몰랐지?
몸길이가 다 자랐는지는 바닷가재 전용 자로 재서 판단하지.

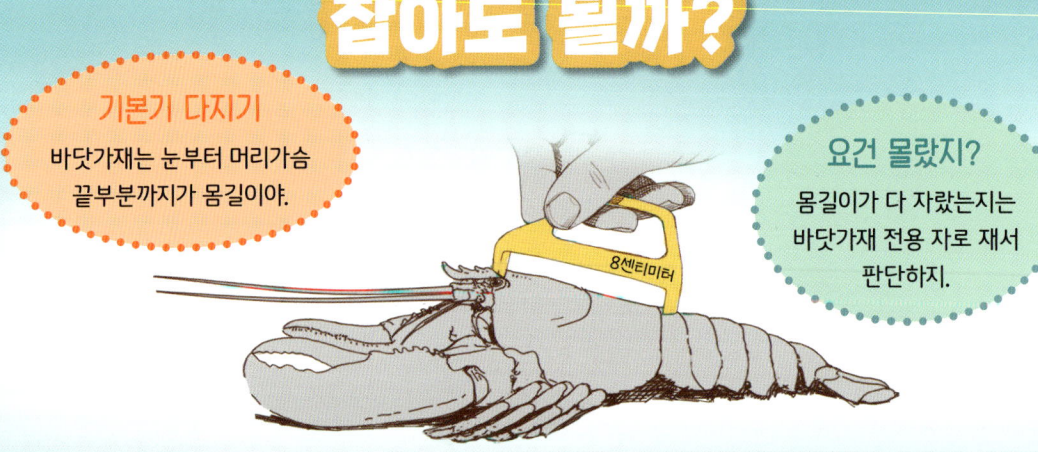

8센티미터

미국과 캐나다에서는 몸길이가 약 8센티미터를 넘은 바닷가재만 잡을 수 있다고 법으로 정해 놨어. 다 자라지 않은 바닷가재까지 모조리 잡아 버리면 머지않아 멸종해 버릴 테니까!

등딱지 방패로 철벽 수비

게의 등딱지 가장자리에는 날카로운 돌기가 나 있어. 아무리 강력한 적이라도 게를 함부로 꿀꺽 삼키지는 못하겠지?

핵심 정보
모든 게가 대서양꽃게처럼 헤엄다리가 있는 건 아냐.

어린 게는 놓아주세요

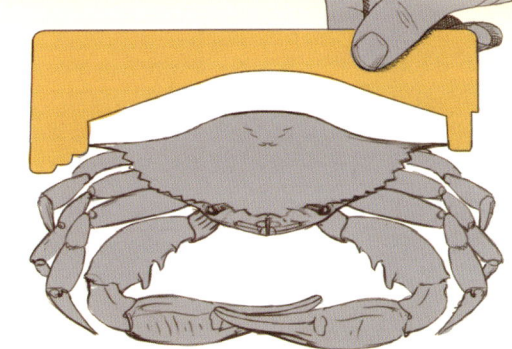

요건 몰랐지?
짜잔, 게 등딱지의 길이를 재는 전용 자도 있어. 이 자로 어부들은 잡아도 될 게와 놓아주어야 할 게를 판단하지.

마찬가지로 아직 다 자라지 않은 게를 잡았다면 놓아주어야 해. 미국에서는 대서양꽃게의 등딱지 너비가 적어도 약 13센티미터는 되어야 잡을 수 있어. 우리나라에도 14센티미터가 넘는 꽃게만 잡아야 한다는 규정이 있단다.

바닷가재 레스토랑

누군가 이런 말을 했지. "바닷가재 요리는 둘이 먹다 하나가 죽어도 모를 만큼 맛있다."라고 말이야. 정말 그런지 고급 바닷가재 레스토랑의 메뉴판을 한번 볼까?

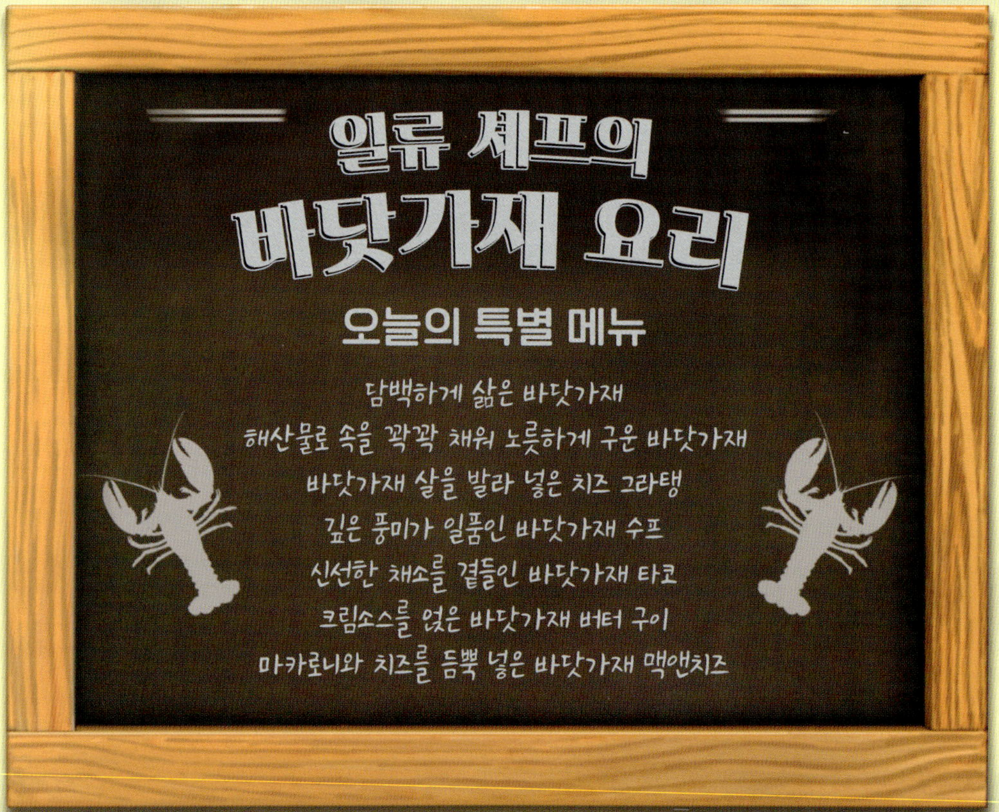

일류 셰프의 바닷가재 요리
오늘의 특별 메뉴

담백하게 삶은 바닷가재
해산물로 속을 꽉꽉 채워 노릇하게 구운 바닷가재
바닷가재 살을 발라 넣은 치즈 그라탱
깊은 풍미가 일품인 바닷가재 수프
신선한 채소를 곁들인 바닷가재 타코
크림소스를 얹은 바닷가재 버터 구이
마카로니와 치즈를 듬뿍 넣은 바닷가재 맥앤치즈

"지금 왜 물을 끓이는 거지? 설마 우리를….".

"그냥 옥수수나 삶으려는 거겠지."

동네 최고 게 요리 식당

또 다른 누군가는 "게 요리는 셋이 먹다 둘이 죽어도 모를 만큼 맛있다."라고 했다지.
네 입맛에는 어떤 요리가 더 잘 맞을지 궁금한걸?

우리 동네의 자랑
**게 요리
맛집**

입에서 살살 녹는 게살 케이크
속이 든든해지는 게살 스튜
한 그릇 뚝딱, 게살 덮밥
마늘 향이 아찔한 게 오븐 구이
실한 암컷 게로 만든 몸보신 수프
입맛을 돋우는 게살 스크램블드에그
조미료 팍팍 친 게찜

어서 오세요!

게 식당 앞을 지날 때마다 언짢아지는 건 당연해요. 당신은 게잖아요.

최강 동물 대결!

낮 동안 바닷가재는 바위틈에서 혼자 쉬고 있었어. 게도 근처 모랫바닥에 몸을 숨긴 채 쉬고 있었지. 밤이 되어 바닷속이 더 어둑해지자 이제 둘 다 슬슬 배가 고파.

더듬이를 바짝 세우고 먹잇감을 찾던 게가 먼저 바닷가재의 꼬리를 발견했어. 게는 집게발을 쭉 뻗으며 잽싸게 바닷가재에게 다가갔지.

사사삭

훗, 바닷가재의 더듬이도 만만치 않아. 이미 게가 다가오는 기척을 느끼고 있었거든. 바닷가재는 꼬리를 튕겨 뒤로 쉭! 빠지면서 게의 집게발을 피했어. 그러고는 곧장 집게발을 내밀고 게한테 돌진했지.

쌔앵

휘익

게도 헤엄다리를 퍼덕거리며 바닷가재에게 다가갔어. 바닷가재의 커다란 집게발이 조금 무서웠지만, 물러설 생각은 눈곱만큼도 없었으니까. 둘은 금세 가까워졌어.

이때다! 게가 사정거리 안에 들자 바닷가재가 집는 집게발로 게의 한쪽 집게발을 확 낚아챘어. 그러고는 으깨는 집게발로 게의 나머지 집게발을 으드득 부쉈지. 저런, 게는 이제 집게발을 못 쓰게 되었어.

바닷가재의 기세는 꺾이지 않았어. 이번엔 집게발로 게의 다리 두 개를 꽉 잡았지 뭐야! 게는 벗어나려고 낑낑대며 용써 봤지만 소용없었어. 게는 바닷가재를 뿌리칠 만큼 힘이 세지 않았거든.

이번엔 얼굴 공격! 바닷가재는 으깨는 집게발로 게의 얼굴에 구멍을 내 버렸어!

파드득

구멍 난 껍데기로 물이 콸콸 들이찼어. 게는 결국 서서히 움직임을 멈추고 말았지.

바닷가재가 승리했어! 냠냠 짭짭. 게를 맛있게 먹던 바닷가재는 사람들에게 맞장구를 쳐 주고 싶었어. 전 세계 사람들이 왜 게 요리에 열광하는지 알게 되었거든.

누가 더 유리할까?

아래 체크 리스트의 각 항목을 보고, 더 강한 동물에 체크 표시(v)해 봐!

바닷가재   **게**

바닷가재	항목	게
☐	크기	☐
☐	다리	☐
☐	스피드	☐
☐	집게발	☐
☐	외골격	☐
☐	돌기	☐

★ **찾아보자!** 크기 46~47쪽, 다리 50~52쪽, 스피드 50~51쪽, 집게발 50, 54~55쪽, 외골격 58~59쪽, 돌기 64~65쪽

흑흑, 괜히 까불었어!
가만히 있을걸….

지은이 **제리 팔로타**
미국 매사추세츠주 페가티 비치에서 72명의 사촌들과 함께 어린 시절을 보냈다.
어른이 되어서는 30년 넘게 어린이책 작가로 활동하며, 90권 이상의 책을 썼다.
쓴 책 중에 『누가 이길까?(Who Would Win?)』 시리즈를 가장 좋아한다.

그린이 **롭 볼스터**
풍경과 사물을 매우 사실적으로 그리는 예술가이자 전문 일러스트레이터.
미국 로드아일랜드 디자인스쿨을 졸업하고 20년 넘게 일러스트레이터로 일하고 있다.
지금은 미국 매사추세츠주 보스턴 근처에서 유화를 그리며 지낸다.

옮긴이 **신인수**
대학에서 영문학을 공부한 뒤 성균관대학교 대학원에서 번역학을 전공했다.
어린이·청소년책에 깊은 애정을 가지고 좋은 작품을 찾아 우리말로 옮기고 있다.
옮긴 책으로는 『동물 천재를 위한 남다른 지식 사전』, 『진짜 소중한 별』, 『세계 신화 30』,
『세계 발명 발견 아틀라스』, 『뭐가 되고 싶냐는 어른들의 질문에 대답하는 법』,
『초등학생이 알아야 할 참 쉬운 심리학』 외 다수가 있다.

사진 저작권

Page 14: © Mats Brynolf / Shutterstock; page 15: © Dominic Laniewicz / Shutterstock; page 19: © Michael A. Damanski / Shutterstock; page 28: © tryton2011 / Shutterstock; page 29: © CherylRamalho / Shutterstock; page 53 top-right image: © J Main / Shutterstock; page 53 bottom-right image: © Pandora Pictures / Shutterstock; page 57 crab pot: © NOAA Central Library Historical Fisheries Collection; page 60 top image: © Carol Perry Davis; page 60 bottom image: © Wirestock Creators / Shutterstock; page 61 bottom image: © Melissa Jara / Shutterstock; page 65 top image: © Gianluca Colombi / Shutterstock.

바다코끼리 vs 코끼리바다물범
또 하나의 대결 바닷가재 vs 게

1판 1쇄 찍음 - 2024년 1월 30일, 1판 1쇄 펴냄 - 2024년 2월 15일
글쓴이 제리 팔로타 그린이 롭 볼스터 옮긴이 신인수 펴낸이 박상희 편집장 전지선 편집 임현희 디자인 박재희
펴낸곳 (주) 비룡소 출판등록 1994. 3. 17.(제16-849호) 주소 06027 서울시 강남구 도산대로1길 62 강남출판문화센터 4층
전화 02)515-2000 팩스 02)515-2007 홈페이지 www.bir.co.kr
제품명 어린이용 각양장 도서 제조자명 (주) 비룡소 제조국명 대한민국 사용연령 3세 이상

WHO WOULD WIN? : WALRUS VS ELEPHANT SEAL
Text Copyright © 2021 by Jerry Pallotta
Illustration Copyright © 2021 by Rob Bolster

WHO WOULD WIN? : LOBSTER VS CRAB
Text Copyright © 2014 by Jerry Pallotta
Illustration Copyright © 2014 by Rob Bolster

All rights reserved.

Korean Translation Copyright © 2024 by BIR Publishing Co., Ltd.
This Korean translation edition is published by arrangement with Scholastic Inc.,
557 Broadway, New York, NY 10012, USA through KCC(Korea Copyright Center Inc.), Seoul.

이 책의 한국어판 저작권은 ㈜한국저작권센터(KCC)를 통해 저작권사와 독점 계약한 (주) 비룡소에 있습니다.
저작권법에 의해 한국 내에서 보호를 받는 저작물이므로 무단 전재와 무단 복제를 금합니다.

ISBN 979-89-491-3307-2 74400 / 978-89-491-3300-3(세트)

 제리 팔로타 글 · 롭 볼스터 그림 | 신인수 외 옮김

숨 막히는 대결로 익히는 짜릿한 동물도감!

- **사자 vs 호랑이** / 재규어 vs 스컹크
- **고래 vs 대왕오징어** / 범고래 vs 백상아리
- **악어 vs 비단구렁이** / 코모도왕도마뱀 vs 킹코브라
- **티라노사우루스 렉스 vs 벨로키랍토르** / 트리케라톱스 vs 스피노사우루스
- **북극곰 vs 회색곰** / 방울뱀 vs 뱀잡이수리
- **타란툴라 vs 전갈** / 말벌 vs 쌍살벌
- **바다코끼리 vs 코끼리바다물범** / 바닷가재 vs 게
- **최강전: 정글 동물 편** / 최강전: 곤충과 거미 편